SPANIEN

KARL■MÜLLER

REISE DURCH SPANIEN

Übersetzung: Barbara Claren, Würzburg
Gestaltung: Patrizia Balocco

© 1992 White Star S.r.l.
Via C. Sassone 22/24
13100 Vercelli, Italien

2003 Herausgegeben in Deutschland
von Verlag Karl Müller GmbH
www.karl-mueller-verlag.de

Alle Rechte vorbehalten.
Kein Teil des Werkes darf in irgendeiner Form (durch Fotokopie, Mikrofilm oder ein ähnliches Verfahren) ohne die schriftliche Genehmigung des Verlages reproduziert oder unter Verwendung elektronischer Systeme verarbeitet, vervielfältigt oder verbreitet werden.

ISBN 3-89893-575-2

Gedruckt in Singapur

INHALT

14 SONNENDURCHGLÜHTES SPANIEN

30 ERBE DER GESCHICHTE

32 Der diskrete Charme der Hauptstadt – 39 Barcelona, Stadt der Künstler – 44 Die Mezquita von Córdoba, ein maurisches Meisterwerk – 48 Sevilla, Stadt der Kunst und Kultur – 52 Granada, Juwel aus Stein – 54 Der Reichtum der Jahrhunderte

60 LEUTE VON HEISSEM TEMPERAMENT

62 Das Blut und die Arena – 65 Heilige und profane Feste – 70 Die Wallfahrt nach El Rocio – 72 Die Farben der »Feria« – 77 Das Meer, ewiger Lebensquell – 81 Ein karges Land – 84 Erntezeit – 88 Alte Reiterspiele – 92 Melodramatischer Zauber – 94 San Sebastian, ein Halbmond aus Sand – 96 Zauberinsel Ibiza

98 LAND DER GEGENSÄTZE

100 Die wilden Berge Spaniens – 106 Erinnerungen an eine antike Welt – 114 Doñana, Wunder der Natur – 118 Unendlicher Reichtum des Meeres – 124 Die kanarischen Inseln, Bruchstücke Afrikas

S. 2/3 Die ganze von der herrlichen Alhambra gekrönte Stadt Granada ist wegen ihrer Kunstschätze zum Nationaldenkmal erklärt worden.
S. 4/5 Die Landschaften der Mancha werden von den unverwechselbaren Silhouetten der Windmühlen geprägt; in Consuegra umgeben gleich dreizehn die Burg.
S. 6 Während der berühmten Pferdemesse in Jerez de la Frontera in Andalusien werden die vielfarbigen, prächtigen Flamenco-Kostüme getragen.
S. 7 Traditionen und Folklore sind das Wesentliche an der »Romería del Rocio« in der Provinz Huelva. Es handelt sich um das populärste Fest in ganz Spanien.
S. 8/9 Barcelona ist die Hauptstadt Kataloniens und neben Madrid die bedeutendste Stadt Spaniens.
S. 10/11 Die Inselgruppe der Kanaren, im Atlantischen Ozean vor der Westküste Afrikas gelegen, bietet zauberhafte Landschaften und ein immer mildes Klima.
S. 12/13 Bei den Prozessionen der »romería« fährt man auf einem Karren oder reitet auf einem Pferd und trägt das typische regionale Kostüm.

SONNENDURCHGLÜHTES SPANIEN

DAS LAND IM ÜBERBLICK

Das heutige SPANIEN, mit den scharfen Kontrasten einer sowohl modernen und dynamischen, als auch unlösbar mit der Vergangenheit verbundenen Nation, entzieht sich einer objektiven, erschöpfenden Analyse, die frei von billigen Klischees und unbedachtem Enthusiasmus ist. Schon auf den ersten Blick erscheint es schwierig, gefühlsmäßiges Urteil und statistisch genaue Daten zusammenzukoppeln – das Meer mit den Bergen, die Strände mit den Schmelzwasserbächen, die hochmodernen Wohntürme mit den stillen alten Höfen. Diese Art Alchimie mißlingt. Aber eben in diesem Spiel der Gegensätze liegt die Größe SPANIENS. Die Lagune und der schöne Ausblick, die Felsklippe und der Bergpaß, eine Schlucht und gepflügte Felder, geschützte Täler oder die Quelle eines Flusses wirken durch stillen Zauber oder als großartiges Schauspiel. Sofern man es nur will, findet man an den glühendheißen Straßen des Landesinneren Windmühlen, Reservate und Naturparks, Zigeunerhütten, Kathedralen, Städte mit vielen Kunstdenkmälern und winzige Dörfer. Jede Landschaft, jeder Stein haben eine Geschichte zu erzählen, so daß schon allein die Nennung der alten Namen zur Lektion von Geschichte und Kunst wird: SEGOVIA, TOLEDO, CÓRDOBA, VALENCIA, SARAGOSSA scheinen sich seit Jahrhunderten nur für die verträumtesten Besucher und die erfahrensten Touristen erhalten zu haben.

Wenn man an ein lebhaftes, einladendes Land mit Brauchtum und Fantasie, mit großen alten Traditionen, mit vielfältiger und verführerischer Schönheit denkt, kommt einem spontan der Gedanke an SPANIEN. Hier hört man eine romanische Sprache mit ihrer ganzen Musikalität, und man stößt auch im abgelegensten Dorf auf das Erbe einer alten stolzen Kultur, die auch nicht von Jahrhunderten gegenreformatorischer Dunkelheit und Jahrzehnten Franco-Diktatur erstickt werden konnte. In diesem rauhen, aber großzügigen Land zeigt sich die ferne Vergangenheit sowohl in *Nekropolen* und *Dolmen*, in *vorgeschichtlichen Höhlen* und *megalithischen Anlagen* als auch in *den großartigen Zeugnissen der römischen Kaiserzeit*, das heißt, in Mauern und Aquädukten, Zirkus- und Theaterbauten. Die zwei historischen Gesichter SPANIENS, die schon immer einen tiefen Zwiespalt in der Struktur der Gesellschaft bildeten, sind, trotz der bedeutenden politischen und ökonomischen

Der ungewöhnliche Bildschnitt hebt die Farbspiele des traditionellen Kostüms von Estremadura hervor.

Veränderungen der letzten Jahre, noch immer sichtbar. Gegen den Glanz der Kirchen mit ihren vergoldeten Altären, gegen den Reichtum der großartigen Paläste, als Symbole einer allmächtigen und grenzenlosen Macht, hebt sich die jahrhundertelang mit Würde getragene Armut der Bauern der MESETA ab, des kargen Großgrundbesitzes, der immer noch nicht ganz verschwunden ist, die jahrhundertealte Rückständigkeit der weit im Landesinnern gelegenen Gebiete. Diese haben noch nicht an die moderne Entwicklung der Mentalität und Lebensart Anschluß gefunden.

Auch die Natur hat an diesem vielfältigen, komplexen und kontrastreichen Bild teil: Vom Breitengrad her müßte Spanien ein gleichmäßig temperiertes Klima mit nicht sehr reichlichen Niederschlägen haben. In Wirklichkeit besitzt es, auf Grund der speziellen Bodenverhältnisse und der gedrungenen Form, eine große Variationsbreite der jahreszeitlichen Klimaverhältnisse. Die subtropische Mittelmeergegend wird durch das ozeanische, windreiche Klima der kantabrischen Zone abgelöst. Beide weisen große Unterschiede in Temperatur und Niederschlagsmenge auf. Die Mitte Spaniens, eine große Hochfläche, die von den Bergketten der SIERRAS eingerahmt wird, hat heiße Sommer und strenge Winter, während an den Küsten der wohltätige Einfluß des Mittelmeers vorherrscht, der auch die kältesten Monate mild macht. Die Atlantikküste hingegen wird von häufigen Regenfällen heimgesucht.

Auf Grund dieser verschiedenen Klimazonen und des Oberflächenreliefs ist auch die Flora der iberischen Halbinsel sehr variationsreich: mit den für die Gebirge typischen Laubbäumen und dem niedrigen Buschwerk in den grasbedeckten Steppen der MESETA im Landesinneren, die aus mageren Weiden, immergrünen Wäldern und Korkeichen bestehen. Die mediterrane *Macchia* dominiert an der Ostküste und nimmt dann in den südlichen Provinzen entschieden afrikanischen Charakter an: Wo bewässert werden kann, gedeihen Zuckerrohr und Bananenstauden, Baumwolle und Bambus. Die herrlichen Gärten, welche die Städte schmücken, sind voll von immer üppig gedeihenden Philodendren, Fici, Agaven, Magnolien und vielen Blumenarten. ANDALUSIEN, das fruchtbarste Gebiet des Landes, ist reich an Gemüsegärten und großen Kulturpflanzungen, während an der COSTA BRAVA und auf den BALEAREN Pinien, Oliven, Kaktusfeigen, Weinberge und Südfrüchte bis auf 600 Meter Höhe die Abhänge hinaufklettern. Palmen und die herrlichen Farben der Bougainvilleen und Kamelien rahmen die großen goldenen Flächen der Strände. Die KANARISCHEN INSELN zeigen deutlich ihre vulkanische Entstehung und haben eine wirklich einzigartige Vegetation, in der es auch Pflanzen aus dem Tertiär gibt. Sie überleben deshalb, weil die letzten Eiszeiten hier wesentlich milder waren als auf dem europäischen Festland.

Von der Fauna sagt man oft, sie sei Übergang zwischen EUROPA und AFRIKA. In den *neun Nationalparks*, die im ganzen eine Fläche von 160 000 Hektar bedecken, kann man Hasen, Eichhörnchen, Rebhühner, Chamäleons, Wildkatzen, Auerhähne sowie Wölfe und Bären sehen.

Die Spanier haben vieles gemeinsam, und doch gibt es so starke Unterschiede zwischen den Menschen im Norden und im Süden, im Landesinnern und an der Mittelmeerküste, daß sie sogar einem weniger aufmerksamen Beobachter in die Augen springen. Die historische Isoliertheit der einzelnen Regionen hat sehr individualistische Charaktere geprägt, die durch die örtliche Verwaltung noch gefördert werden. Die alte Frau aus Burgos, der malerische Hirte aus Gerona und der alte baskische Adlige unterstreichen stolz die Besonderheiten der eigenen ethnischen Kultur.
S. 18/19 *Eine alte galizische Frau flickt nach alter Methode ein großes Schleppnetz, das für den Fang von Sardinen und Makrelen benutzt wird.*

Letztere beiden Tierarten sind leider wegen der uneingeschränkten Jagd in der Vergangenheit von Ausrottung bedroht. Durch einen einzigartigen Scherz der Natur leben auf dem Felsen von GIBRALTAR, der seit 1713 zu GROSSBRITANNIEN gehört und immer von der spanischen Regierung zurückgefordert wurde, einige streng geschützte Familien von Berberaffen. Diese lebhaften Vierhänder sind die einzige Affenkolonie in Europa. Die Fauna der BALEAREN verdient ein Extrakapitel; besonders die Vogelwelt, die eine besondere Attraktion bildet. Einige Arten wie Möwen, Schwalben und Kohlmeisen sind verblüffend zahlreich. Daher kommen viele Vogelfreunde, besonders zur Zeit der großen Wanderungen der Vögel, in dieses irdische Paradies: Im BUQUER-TAL und bei den SEEN VON TUCAN kann man leicht Reiher und Störche beobachten, während von September bis März die Salzseen an der Ostküste von MALLORCA Rotkehlchen, Distelfinken und Wasserrallen beherbergen. SPANIEN besitzt auch eine große Anzahl verschiedener Fischarten; die Flüsse und Seen sind von Karpfen, Aalen, Hechten und Forellen bevölkert, an den Küsten halten sich die verbreiteten Arten des MITTELMEERS und des ATLANTIKS auf. Besonders die Gewässer um die Inseln herum sind unbestritten das Reich der Sardinen, Krebse, Calamari, Langusten und Tintenfische, deren Schicksal meist eines der köstlichen Gerichte der lokalen Küche ist.

EIN EL DORADO DER KUNST UND KULTUR

Dieser natürliche Überfluß und das milde Klima haben bewirkt, daß das Gebiet des heutigen SPANIEN seit dem Paläolithikum, also vor ungefähr 20 000 Jahren, stark besiedelt ist, obwohl der Subkontinent am Rande von EUROPA liegt und nur durch die Bergkette der PYRENÄEN mit ihm verbunden ist. Die *Ligurer* gelten als die ältesten Siedler der nordöstlichen Küstenzone, während die *Iberer*, die aus AFRIKA herübergekommen sein könnten, sich in den südlichen Gegenden des Landes angesiedelt haben. Die *Basken*, im nordwestlichen Teil heimisch, sind vielleicht indoeuropäischer Abstammung.

Im Norden SPANIENS wurden viele *Felszeichnungen* von überraschender Schönheit und Ausdruckskraft entdeckt. Mit ihrer ausgeprägten Stilisierung erinnern sie an die Malweise der abstrakten Kunst. Die berühmtesten sind ohne Zweifel die aus der HÖHLE VON ALTAMIRA in der Nähe von SANTANDER: Sie stellen Mammuts, Bisons, wilde Pferde und rituelle Jagdszenen dar. Schon in geschichtlicher Zeit, um 550 v. Chr., vermischten sich die Ureinwohner mit den *Kelten* und begründeten so einen neuen Stamm, die *Keltiberer*, die dann unter den Einfluß kolonisierender Völker des Mittelmeerbeckens gerieten. Diese haben an vielen Stellen großartige Spuren hinterlassen: Die *Phönizier* in CADIZ, die *Karthager* auf IBIZA, die *Griechen* in AMPURIAS und fast überall die *Römer*. Das großartige THEATER VON MERIDA, das

AQUÄDUKT VON SEGOVIA, die kühne Brücke, die in ALCANTARA erhalten geblieben ist, sind eindrucksvolle Zeugnisse der alten Pracht. Auch an vielen anderen Orten haben archäologische Grabungen Reste von Bauten und viele Gegenstände des täglichen Gebrauchs ans Licht gebracht. Die Bedeutung der latinischen Kultur in SPANIEN ist außerordentlich groß. Schon seit 71 v. Chr. wurde die Bevölkerung romanisiert. Hier stand die Wiege der Dichter *Seneca* und *Martial* und der Kaiser *Traian, Hadrian* und *Theodosius*. Nach dem Untergang des römischen Reiches und den großen Wanderungen, welche die *Visigoten* in diese Gegend brachten, bedeutete die *arabische Herrschaft* für die iberische Halbinsel sowohl wirtschaftlich wie kulturell ein zweites »Goldenes Zeitalter«. Die islamische Kultur beeinflußte die westliche, christliche Welt über das Tor Spanien. Die *Mauren* begründeten ab 711 verschiedene Kalifate, die bald wegen der spektakulären Entwicklung der Architektur und des lebhaften intellektuellen Lebens berühmt wurden. Besonders ANDALUSIEN hat noch viele Bauwerke *im orientalischen Stil*, die sehr gut restauriert sind. Das bedeutendste und bekannteste Gebäude der *maurischen Kunst* ist die ALHAMBRA in GRANADA; um die Mitte des 14. Jahrhunderts durch Jussuf I. auf der Spitze des Hügels über der Stadt errichtet. Wie alle arabischen Profanbauten zeigt es ein eher unauffälliges Äußeres, das märchenhafte Innenhöfe mit Brunnen, Wasserspielen und Gärten einschließt. Die vielfarbigen Majolikaplatten, die Kassettendecken aus Holz und die Stuckverzierungen schmücken die Innenräume üppig aus, wobei eine starke Tendenz zur symbolischen Abstraktion vorherrscht. Die ALHAMBRA ist von Mauern und Türmen völlig eingeschlossen und besteht aus verschiedenen Gebäuden, die im Lauf von fast drei Jahrhunderten entstanden. Die außergewöhnliche strategische Lage, am linken Ufer des Flusses DARRO und von steil abfallenden Schluchten geschützt, wurden von den Mitgliedern der *Nasrié-Dynastie* gewählt, um dort die schönsten Bauten des *spanisch-muselmanischen Stils* zu realisieren: von der ALCAZABA, einer richtigen Festung, zur MEXUAR, der Moschee, von den PALÄSTEN VON COMARES und dem LÖWENHOF zum PALAST DES GENERALIFE, dem Ruhesitz der Monarchen von Granada – und dazu unzählige Türme und Nebengebäude. Der ganze Komplex nimmt meisterhaft die Themen der reichen arabischen Tradition auf und übersetzt sie in außergewöhnliche architektonische Kompositionen. Die tragenden Teile verbergen sich zum Teil unter Architekturteilen, deren ästhetische Form und elegante Üppigkeit trotz der Verwendung eher gewöhnlicher Materialien (wie Gips und Ziegelsteinen) durch ihre einzigartige Sinnlichkeit überzeugen. Die Raumaufteilung sowie die notwendigen Verteidigungsvorkehrungen sind überraschend und in Übereinstimmung mit der natürlichen Umgebung gelöst. Deren akustische und visuelle Effekte harmonieren mit den Wasserspielen in den Höfen und den herrlichen Aussichten in die andalusische Landschaft. Die mit Arabesken bedeckten Wände, die Rahmungen der Fenster und Türen, die Vergoldungen der Kuppeln, die Bögen und Säulen bilden ein nahezu vollkommenes Ensemble, das 1984 durch die UNESCO in die exklusive »Liste des Erbes der Welt« aufgenommen wurde. Gleicherweise spektakulär ist die riesige MOSCHEE VON CÓRDOBA, die größte des westlichen

Islam, die zwischen 785 und 999 im sogenannten *Kalifenstil* erbaut wurde. Die MEZQUITA bedeckt eine Fläche von mehr als 23 000 Quadratmetern in Form eines Rechtecks und ist von zinnengekrönten Mauern umgeben. Das Innere besteht aus einem großen Hof und dem eigentlichen Tempel mit der erstaunlichen Zahl von 856 Säulen, die doppelte Bögen in Hufeisenform tragen und neunzehn Schiffe umfassen. Nach der Eroberung durch die Katholiken wurde die Moschee in eine christliche Kirche umgewandelt und mit gotischen und barocken Stilelementen versehen. Die MEZQUITA ist das Herz des alten CÓRDOBA. In SEVILLA hingegen ist alles auf die GIRALDA ausgerichtet, die zum Symbol der Stadt geworden ist. Das Minarett der ersten Moschee des 12. Jahrhunderts wurde auf einer schon bestehenden römischen Basis errichtet. Das aus Ziegelsteinen gemauerte Bauwerk ragt 93 Meter hoch auf und wird von einer Glockenkammer und einer Spitze abgeschlossen. Diese letzteren wurden später hinzugefügt, als das moslemische Kultgebäude abgebrochen wurde und die riesige gotische Kathedrale entstand. Eine andere berühmte Sehenswürdigkeit der Stadt ist der ALCAZAR, ein Ensemble von Gebäuden, die die Königsfamilie von SEVILLA auf der Ruine des Kalifenpalasts im *Mujedar-Stil* erbauen ließ, einer merkwürdigen Kombination aus maurischen und christlichen Elementen, die ihren Namen den »mujedares« verdankt, d. h. den Arabern, die nach der Rückeroberung als Architekten und Dekorateure bleiben durften.

Um das Jahr 1000 waren vom Norden her die katholischen Heere eingedrungen, was nach fünf Jahrhunderten wechselnden Kriegsglückes zur Vertreibung der Mauren und zur Entstehung des spanischen Nationalstaats führte. Auch wenn der Wandel vom maurischen zum christlichen Stil sehr langsam vor sich ging, so gehen die Anfänge einer eigenständigen spanischen Kunst bereits auf das 11. Jahrhundert zurück, als sich unter dem Einfluß FRANKREICHS und der LOMBARDEI der *romanische Stil* durchzusetzen begann. Die wunderbare KATHEDRALE VON SANTIAGO DE COMPOSTELA in GALIZIEN war das am häufigsten aufgesuchte Ziel der Wallfahrer des europäischen Mittelalters und ist das architektonische Hauptwerk einer ganzen Epoche. Das Innere, sehr streng und feierlich, wird von der CAPILLA MAJOR beherrscht, wo das Grab des Apostels Jakob ist. Ebenso eindrucksvoll sind das Südportal und der PORTICO DE LA GLORIA, mit einem der größten und besterhaltenen Skulpturenzyklen der romanischen Zeit. Die Fassade des Komplexes, bekannt unter dem Namen EL OBRADOIRO, d. h. »Goldenes Geschmeide«, bekam um 1700 eine üppige, barocke Gestalt.

Auch in SPANIEN setzte sich die *Gotik* nur langsam gegen das vorhergehende Architekturmodell durch, so daß über eine lange Zeitspanne interessante Werke in einem Übergangsstil entstanden, in denen sich zum ersten Mal der originäre iberische Geist manifestierte – so zum Beispiel in der alten KATHEDRALE VON SALAMANCA. Im Gegensatz dazu stehen die drei berühmten Kathedralen von BURGOS, TOLEDO und LÉON, die entschieden später entstanden sind und den durch fremde Baumeister ins Land gebrachten *französischen Stil* zitieren. Der KATHEDRALE VON BURGOS, einem mächtigen Gebäude aus weißem Stein mit zwei dünnen normannischen Türmen, folgte im Jahr 1227 die von TOLEDO mit drei üppig dekorierten Portalen, weiten Schiffen und herrlichen vielfarbigen Fenstern. Die KATHEDRALE VON LÉON, der Stolz ganz KASTILIENS, ist der *Höhepunkt der gotischen Architektur auf spanischem Boden* und zeigt eine reichverzierte Rosette, welche an die von REIMS und AMIENS erinnert. An die Stelle der Moscheen traten schließlich die KATHEDRALEN VON SARAGOSSA UND SEVILLA. Letztere, in der Form eines übergroßen lateinischen Kreuzes erbaut, gilt als eine der größten gotischen Kirchen der Welt. Weitere hervorragende Beispiele der spanischen Kathedralen des 14. und 15. Jahrhunderts sind die von AVILA, VALLADOLID, ASTORGA und SEGOVIA in KASTILIEN-LÉON und die von GERONA UND BARCELONA in KATALONIEN. Aus dieser Zeit stammen auch die meisten Burgen und Festungen in KASTILIEN-LÉON und KASTILIEN-LA MANCHA sowie ein großer Teil der ältesten Windmühlen, welche so charakteristisch für das sonnenverbrannte Zentralspanien sind.

Im 16. Jahrhundert erlangte SPANIEN durch Erweiterung seines Herrschaftsbereichs in EUROPA und durch die Kolonien jenseits des Ozeans den Rang einer Großmacht. Es wurde zum Zentrum der Gegenreformation mit all den daraus folgenden religiösen Exzessen. Die vielen Kriege für den katholischen Glauben führten nach dem Tode Philipps II. zu einem Verlust der Hegemonie. Später brachten der Erbfolgekrieg und die napoleonische Invasion ungeheuere menschliche und wirtschaftliche Verluste. Auf künstlerischem Gebiet wurden in der ersten Hälfte des 16. Jahrhunderts die Elemente der *Renaissance* rein ornamental angewandt, worauf später eine erstaunliche Vermischung des *spätgotischen Plateresk-Stils* mit dem *maurischen* und dem eigentlichen *Renaissance-Stil* folgte. In Wirklichkeit paßten die grotesken manieristischen Formen des sogenannten »*Estilo Monstruoso*« besser zum spanischen Nationalcharakter als die harmonischen und klaren Linien der *italienischen Renaissance*. Im »Don Quichotte« erklärte sich *Miguel de Cervantes* gegen die Übertreibungen und Manien dieser Strömung. Unter dem strengen Einfluß der Gegenreformation, die sich gegen die überreichen Verzierungen aussprach, entwickelte sich dann ein Stil von kühler, beeindruckender Strenge, deren repräsentativstes Werk ohne Zweifel der riesige Palast des ESCORIAL in der Nähe von Madrid ist, der 1584 von *Juan Herrera* auf Wunsch *Philipps II*. vollendet wurde. Kloster und Burg zugleich, einer Festung ähnlicher als einem Königsschloß, hat das riesige Gebäude seinen Höhepunkt in der San Lorenzo geweihten BASILIKA, die als das erste Beispiel typischer *spanischer Barockarchitektur* gilt.

Die KATHEDRALE VON VALLADOLID wurde von demselben *Herrera* 1580 begonnen und in so maßlosen Dimensionen geplant, daß sie nie vollendet werden konnte. Das *Barock* wurde auf der iberischen Halbinsel zu einem Stil voller Fantasie, Bewegung und oft Übertriebenheit, zu einem unkontrollierten Stil, der zur überreichen Dekoration neigte und dabei gelegentlich einen Mangel an gutem Geschmack erkennen läßt. Die *Barockskulptur* beschränkt sich fast ausschließlich auf religiöse Themen, während die *Malerei* derselben Epoche einige der wichtigsten Schöpfungen EUROPAS liefert. Wenn der geniale Manierismus *El Grecos* der religiösen Erfah-

In der fruchtbaren hügeligen Landschaft der andalusischen Niederung liegt – nicht weit von Cadiz – Jerez de la Frontera, dessen Weine in der ganzen Welt berühmt sind. Wegen seines Aromas ragt unter ihnen der »Jerez« heraus, den die Engländer Sherry genannt haben.

Plinius und Strabo behaupten, daß der Weinbau schon blühte, als die Römer in diese Gegend kamen. Auch heute noch wird der Wein der Region in »bodegas« genannten Eichenfässern in den Kellern gelagert und aus jenen Trauben gekeltert, die zwischen dem Guadalquivir und dem Meer wachsen und reifen. Die dortigen Weine werden, je nach Geschmacksrichtung und Alkoholgehalt, in Finos, Manzanillas, Olorosos und Amontillados unterteilt.

rung eine tiefe visionale Sicht hinzufügt, so gibt der geniale Realismus des *Diego Velasquez* den faszinierenden Porträts der Hofgesellschaft Leben und eine unverwechselbare kritische Note. Während der Herrschaft der *Bourbonen* in der zweiten Hälfte des 18. Jahrhunderts kommt es zu einer dem *Barock* entgegengesetzten Bewegung, die sich die gemäßigte Sprache des *Klassizismus* zu eigen macht. Das erste Meisterwerk dieser neuen Tendenz ist der PALACIO REAL in MADRID nach einem Entwurf von *Filippo Juvarra*. Später realisiert *Ventura Rodriguez* die PILAR-KATHEDRALE in SARAGOSSA, während *Juan de Villanueva* mit dem PRADO von MADRID den berühmtesten Bau des spanischen Klassizismus schafft. Die Gemälde *Francisco Goyas* schenken der Grausamkeit des Lebens ihre Aufmerksamkeit und zitieren Szenen aus der wechselvollen Geschichte des Landes. Die Bürgerkriege graben im 19. Jahrhundert tiefe Spuren. Es handelt sich um Konflikte, die durch die vom Königshaus betriebene Politik der Restauration, durch die wirtschaftliche Rückständigkeit und die Mißerfolge der Außenpolitik entstehen. Ein treuer Spiegel der mißlichen geschichtlichen Situation ist die *Architektur* dieses Jahrhunderts mit ihrer merkwürdigen Vermischung verschiedener Stile. Die KATHEDRALE ALMUDENA von MADRID ist ein typisches Beispiel dafür. *Luis Domenech y Montaner* und *Antoni Gaudi* werden zu den eigentlichen Repräsentanten des sogenannten *neuen katalanischen Stils*.

Die SAGRADA FAMILIA in BARCELONA wurde von *Gaudi* 1882 begonnen und ist noch immer unvollendet. Es ist eine außergewöhnliche Kathedrale mit kühnen, zum Teil neugotischen, zum Teil alle Stile sprengenden fantastischen Formen. Obwohl das Land im Ersten Weltkrieg neutral bleibt und es einen gewissen Aufschwung gibt, verschärfen sich die Widersprüche im Innern, da die grundlegenden politischen und sozialen Reformen ausbleiben. Infolge des Desinteresses der europäischen Demokratien gelang es dem putschenden Militär unter *General Franco*, die Republik zu stürzen. Parallel zu den politischen und sozialen Veränderungen folgt in der ersten Hälfte unseres Jahrhunderts ein tiefgreifender Umbruch auf dem Gebiet der Kunst, die sich immer weiter von der Nachahmung der Realität entfernt. *Pablo Picasso* wird in Paris zusammen mit *Joan Mirò* der bekannteste Exponent der neuen Kunstrichtung. Nach dem Zweiten Weltkrieg konnte das Regime des Caudillo das Land nicht aus der politischen und wirtschaftlichen Isolierung herausführen, und erst nach Francos Tod öffnete sich der Weg zu einer wirklichen Liberalisierung des Lebens und der spanischen Gesellschaft. Die Nation ist heute eine konstitutionelle Monarchie unter *König Juan Carlos I. von Bourbon*, der auf jedem Gebiet die Entwicklung der demokratischen Institutionen gefördert hat.

WIE MAN IN SPANIEN FESTE FEIERT

Jede Region, jede Stadt, jedes Dorf SPANIENS bietet etwas Interessantes; Zeugnisse einer langen Geschichte oder künstlerischer Entwicklungen, die von verschiedenen fruchtbaren Einflüssen geprägt sind und einen originellen, einzigartigen Charakter besitzen.

Diese beeindruckenden Bilder werden zu jeder Zeit des Jahres durch die traditionellen vielfarbigen Volksfeste vervollständigt: Fronleichnam in SEVILLA und die *ferias* in ANDALUSIEN, die Karwoche in CUENCA und der »Jotilla«-Tanz in ESTREMADURA, die Reiterspiele und Kämpfe zwischen Mauren und Christen, die Stelzenrennen und die Prozessionen in Kostümen, die Weihnachtsrituale und die zauberhaften Winterfeste. Die spanische Folklore ist äußerst vielfältig. Irrtümlicherweise übertragen viele Ausländer die Traditionen und Feste, die nur für ANDALUSIEN typisch sind, auf das ganze Land. Lage und Gestalt der iberischen Halbinsel, die SPANIEN zu vier Fünftel einnimmt, begünstigten seit frühen Zeiten die Entwicklung ganz unabhängiger verschiedener ethnischer Gruppen. Wenn die STRASSE VON GIBRALTAR Spanien mehr mit dem afrikanischen Kontinent verbunden als von ihm getrennt hat, so kann man auch sagen, daß die Bastion der PYRENÄEN, wenigstens bis in die letzten Jahre des Mittelalters hinein, eine klare geografische und geschichtliche Trennung vom Rest EUROPAS bewirkt hat. Diese Isolierung hat trotz der speziellen regionalen Traditionen bewirkt, daß bis in unsere Tage ein gewisser gemeinsamer kultureller Untergrund erhalten geblieben ist, zu dem einerseits das religiöse Gefühl – das seit dem Kampf gegen die ungläubigen Mauren tief in der Volksseele verwurzelt ist – und andererseits die noch andauernde Erinnerung an eine große Vergangenheit beigetragen haben.

Das eigentliche, spanische Nationalschauspiel ist natürlich die *Corrida*, die trotz modernerer und zivilerer Formen des Vergnügens besonders in ANDALUSIEN noch immer sehr geschätzt wird. Von Ostern bis zum November bilden die *Corridas* immer ein wichtiges Element in der unendlichen Serie der *fiestas* und *ferias*, religiösen und kommerziellen Festen, bei denen Heiliges und Profanes sich bunt vermischen. Bei den meisten spanischen Festlichkeiten vermengen sich die katholischen Elemente mit den Nachklängen antiker heidnischer Kulte und Denkweisen. Die öffentlichen Feste sind so häufig, daß keine Woche vergeht, ohne daß in der einen oder anderen Provinz eines von ihnen gefeiert wird – was vielleicht noch untertrieben ist. Die Verwaltung SPANIENS ist in 17 Regionen und 50 Provinzen aufgeteilt, von denen 47 auf dem Kontinent und drei auf den Inseln liegen. Der Veranstaltungskalender ist also dicht besetzt mit Volksfesten und die Auswahl beeindruckend. Eines der wichtigsten und eindrucksvollsten Rituale sind die *fallas* in VALENCIA, die in der San Jose-Woche veranstaltet werden. Der Höhepunkt ist die Verbrennung riesiger Statuen aus Papiermaché, eben der *fallas*, die heute Karikaturen der bekanntesten lokalen Autoritäten sind, ursprünglich aber Symbole der verschiedenen menschlichen Charaktere und Typen darstellten. Die Tage der Ortsheiligen werden überall mit Pracht und großem Organisationsaufwand gefeiert, zum Beispiel die *Fiesta des San*

König Phillip II. weihte die Grabstätte seines Vaters Karl V. dem heiligen Lorenzo. Der Escorial wurde 1563 begonnen und 21 Jahre später vollendet und gleicht mehr einer Festung als einem Königspalast. Die riesige Konstruktion besteht aus grauem Granit und besitzt vier Ecktürme, in deren Mitte sich die Kuppel der Kirche und die Glockentürme erheben.

Isidro in MADRID, und die des *San Firmino* in PAMPLONA, bei der der berühmte *encierro*, der Wettlauf mit den Stieren, durch die ganze Stadt geht. In vielen Gegenden wird das Fronleichnamsfest als buntes Volksfest gefeiert. Am bekanntesten ist jenes von SITGES in der Nähe von BARCELONA, wo die Blumenzüchter der Gegend bei der Herstellung von vielfarbigen Blumenteppichen, welche die Straßen der Stadt zieren, wetteifern. Von allen religiösen Festen wird die Karwoche am eifrigsten gefeiert. In vielen andalusischen Städten gibt es Prozessionen von Büßern und Wagen, auf denen Szenen der Passion dargestellt werden. Was die Kleidung betrifft, ist auch heute noch das von der Reklame verbreitete Bild der Spanierin mit *mautiglia*, dem blumengeschmückten Haarknoten sowie Schleier und buntem Volantrock allgegenwärtig, während der spanische Mann stets in der strengen schwarzen Tracht des Flamencotänzers dargestellt wird. Dieses Bild gilt jedoch (und auch da mit Einschränkungen) nur für ANDALUSIEN. In anderen Regionen sieht das weibliche Kostüm in Schnitt und Farbzusammenstellung ganz anders aus, meist strenger als man denkt. Auch die Männerkleidung ist von Provinz zu Provinz verschieden. So kommt es, daß die dominierende Farbe in GALIZIEN Schwarz, in KASTILIEN und ESTREMADURA Rot und in KATALONIEN und NAVARRA Weiß ist.

Auch die Kopfbedeckung wechselt von der klassischen Baskenmütze des BASKENLANDES zum zigeunerartig geknoteten Tuch in ARAGON und zum »Zuckerbrot«, das in der Provinz SALAMANCA verbreitet ist. Von den Volksfesten abgesehen, sieht man heute nur selten Leute in den traditionellen Kostümen. Das ist ein Zeichen für das unaufhaltsame Fortschreiten des technologischen Zeitalters, das auch über tief verwurzelte Traditionen hinweggeht. Bei der *Sardana*, einem typischen Volkstanz, kann man alte katalonische Kostüme bewundern: Die Männer tragen rote Käppchen, Westen und Hemden, schwarze Kniehosen, weiße Strümpfe und Schuhe aus geflochtenen Kordeln, die Frauen vielfarbige Rökke, vorgebundene Schürzen und Kopftücher. Auch bei den Tänzen, Liedern und der Volksmusik ist außerhalb SPANIENS vor allem der Anteil ANDALUSIENS bekannt. Tatsächlich haben auch andere Regionen Interessantes zu bieten. Die Einflüsse der byzantinischen Liturgiegesänge, der maurischen Kantilenen und der Musik der Zigeuner, die im Laufe des 15. Jahrhunderts in großer Zahl nach Spanien eingewandert sind, haben ein unerschöpfliches Repertoire von Motiven geliefert, für die die *fandangos*, die *seguidillas*, *soleares* und *sevillanas* nur einige – wenn auch wichtige – Beispiele sind.

Im Ausland bleibt natürlich der bekannteste Tanz der andalusische *Flamenco*. Man sollte aber erwähnen, daß den Touristen unter diesem Namen oft nur süßliche, wenn auch auf den typischen Rhythmen basierende Kopien geboten werden. Bei dem echten *tablao* sind jedenfalls die Töne der *tocadores*, d. h. der Gitarrenspieler, wesentlich wichtiger als die von den Sängern improvisierten Melodien und die Bewegungen der Tänzer. Beim Flamenco unterstreichen das Klappern der Kastagnetten und der Absätze den mitreißenden Rhythmus. Darüber hinaus besitzen die komplizierten Bewegungen von Händen, Fingern und Handgelenken eine geheimnisvolle symbolische Bedeutung.

Die großartige Kathedrale von Santiago de Compostela mit ihrer prächtigen Barockfassade ist das berühmteste Wallfahrtsziel Spaniens und eines der meistbesuchten der Welt. Nach der Legende soll der Apostel Jakob, Schutzpatron des Landes, an diesem Ort gewirkt haben. Um sein Grab herum entstand das beeindruckende Gebäude.

Die Aussprache ist im Baskischen deutlich anders als im Kastilischen, das in einem großen Teil SPANIENS – mit Ausnahme von GALIZIEN und KATALONIEN – gesprochen wird, und auch die *Volksmusik* der Basken unterscheidet sich von jener anderer spanischer Regionen.

Der *auressku* ist eine Art Kriegstanz der Männer – wild und laut, während es sich bei dem *Ezpata dantze* um einen immer noch sehr beliebten Schwerttanz handelt.

SPIEL-, SPORT- UND BADEFREUDEN

Natürlich sind auch die baskischen Sportarten besonders originell. Neben dem schnellen *Pelota-Spiel* gibt es alljährlich in vielen Dörfern ziemlich anstrengende Wettbewerbe – so Gewichtheben, das Werfen von Baumstämmen, das Durchsägen dicker Blöcke, Holzspalten und Wettfahren mit Ochsengespannen. Aber auch hier wurden, besonders in Städten mit guten Mannschaften wie BILBAO, die traditionellen Spiele durch den immer populärer werdenden Fußball entthront. Seit einiger Zeit sind die *Wintersportarten* im Kommen. Zum Skilaufen und den verwandten Sportarten sind die PYRENÄEN gut geeignet, aber auch die Berge der CODIGLIERA CANTABRICA im Norden des Landes, die SIERRA DE GUADARAMA in der Nähe von MADRID und die SIERRA NEVADA im Süden, nicht weit von der COSTA DEL SOL. Dort sind moderne Touristenorte mit Lifts und Pisten entstanden, wo man von November an bis weit in den April hinein Ski laufen kann. Da die Halbinsel vorwiegend bergig ist, hat sich auch der Alpinismus sehr entwickelt. Das betrifft sowohl das Gebiet des klassischen Kletterns wie auch das neue, aufsehenerregende Free-climbing. Für Abenteuerlustige gibt es Schulen für Drachenfliegen und Höhlenbegehung. In SPANIEN ist die Entfernung zwischen Bergen und Meer nicht groß. Wer sich bräunen will, hat Hunderte von Kilometern schöner Strände zur Verfügung. Dabei ist die nördliche Atlantikküste weitgehend unbekannt und von ausländischen Touristen fast gar nicht besucht. Auf Grund ihrer wilden Schönheit hätte sie jedoch mehr Aufmerksamkeit verdient.

Dieser lange Küstenstreifen beginnt im GOLFO DI BISCAGLIA, berührt die herrlichen Badeorte SAN SEBASTIAN, SANTANDER, VILLAVICIOSA und PONTEVEDRA und läuft die ganze COSTA CANTABRICA entlang bis nach CAP FINISTERRE (dem westlichsten Punkt des Landes) und weiter nach Süden bis zur Mündung des RIO MINO an der portugiesischen Küste. Hier ist zwar das Klima weniger mild als am Mittelmeer, doch die Strände bestehen größtenteils aus feinem Sand und werden von hohen Felsen eingefaßt. Da das Hinterland sehr fruchtbar ist, wird die Küste ASTURIENS »Costa Verde« genannt. In GALIZIEN bilden die Flüsse lange Trichtermündungen, die sogenannten *rias*, es entstehen dabei besondere, für Naturforscher und Taucher sehr interessante Biotope. Viel weiter südlich erstreckt sich am Atlantik die COSTA DE LA LUZ mit unendlichen feinen Sandstränden und ebenso unendlichen Pinienwäldern, von AYAMONTE bis TARIFA, von der Mündung des GUADIANA bis zur Meerenge von GIBRALTAR. Das ist die Kü-

Weiße Häuser stehen wie Tupfen in der Landschaft von Mancha, die künstlich bewässert wird.

ste des westlichen ANDALUSIEN, der Provinzen HUELVA und CADIZ; ein sonniges Land voller Gastfreundlichkeit für alle, die dort das milde Klima, die landschaftliche Schönheit, herrliche Denkmäler und die Sympathie der Bewohner suchen. Die COSTA DE LA LUZ verdankt ihren Namen dem hellen Licht, das das Gold der Dünen und die silbernen Reflexe des Meeres betont, welches ansonsten den einzigen Grauton in dieses Reich der Farben bringt. Die Flüsse teilen sich an ihrer Mündung in tausend kleine Bächlein, bilden ein Delta, bevor sie ins Meer münden. In den flachen Küstenstreifen realisieren Sümpfe und Salzseen die Einheit von Wasser und Erde. Das Ufer ist fast überall flach, und an den langen Stränden sind relativ neue Touristenzentren entstanden. Spröder ist die Küste dann bei CAP TRAFALGAR, dem Ort jener berühmten Schlacht, in der *Admiral Nelson* sein Leben verlor. Am CAMPO DE GIBRALTAR, wo sich Jugendliche aus allen Ländern mit ihren Surfbrettern tummeln, weht immer ein kräftiger Wind. Das Landesinnere bietet grüne Landschaften mit Feldern, Weiden für die Stiere, weltberühmten Weinbergen und weißgekalkten Dörfern, wo die Zeit ohne Eile vorüberzugehen scheint. Der milde und sonnige Winter lockt Millionen von Vögeln an, der Frühling dann bringt eine Explosion von Blüten, Festen und Feiern. Die typischste Veranstaltung religiöser Art in ANDALUSIEN sind die *romerías*, eine Art von Wallfahrt über mehrere Tage zu verschiedenen Orten, die auch als Möglichkeit fröhlichen und ungezwungenen Zusammenseins geschätzt werden.

Während der ländlichen *ferias* ist es fast unmöglich, den Versuchungen der köstlichen *lokalen Küche* zu entgehen. Höhepunkt der andalusischen ist ohne Zweifel der frittierte Fisch, zu dem das gute Mehl und die Qualität des Öls ihren Teil beitragen. Die *Bratereien von Cadiz* sind eine eigene Institution: Es handelt sich um Tavernen, wo man den Fisch in der Tüte zum Mitnehmen kaufen kann, oder man ißt ihn an Ort und Stelle. Natürlich gibt es auch berühmte Restaurants, aber eigentlich geht man hier »de tapas« (in Etappen) essen und probiert die Spezialitäten jedes Lokals in kleinen Portionen und immer mit dem wunderbaren Wein der Region. Sehr geschätzt wird der von JEREZ DE LA FRONTERA, der schon im Mittelalter berühmt war. Der beste Nektar ist jener, den man in Eichenfässern in den Kellern von JEREZ, PUERTO DE SANTA MARIA und SANLUCAR DE BARRAMEDA in der Gegend des Flusses GUADALQUIVIR reifen läßt. Die Rotweine erreichen gewöhnlich einen Alkoholgehalt von 17 Prozent, damit eignen sie sich besonders als Aperitif oder zu Meeresfrüchten. Außerdem wird hier *einer der besten Sherrys der Welt* produziert. Nur die Weine der Region von LA RIOJA können mit denen von JEREZ konkurrieren. Auch die variationsreiche Küche von VALENCIA, in der sich die Vielfalt der Region widerspiegelt, ist eine große Überraschung für alle, die die Küste des AZAHAR hinauffahren: Die *paella* von VALENCIA ist das wichtigste, bekannteste und traditionellste Gericht ganz SPANIENS. Zum üppigen Essen und zum schnellen Imbiß ist ein Glas des blonden, frischen, sprudelnden Bieres – *cervezza* – immer willkommen.

Die sonnendurchglühten katalanischen Strände sind die bekanntesten des ganzen Landes. Die COSTA DORADA umgibt den südlichen Teil KATALONIENS. Ihre Attraktionen

Die Balearen gehören zu den meistbereisten Touristikorten der Welt; trotzdem sind viele Winkel der Inselgruppe in ihrer ursprünglichen, wilden Schönheit erhalten geblieben.

Aiguablava ist einer der beeindruk-kendsten Orte der Costa Brava: an der stark gegliederten Küste werden die verschiedenen kleinen Strände von steilen Vorgebirgen untergliedert. Die Felsen leuchten in wunderbaren, von rosa bis violett wechselnden Farbtönen.

lassen sie immer wichtiger für die Tourismusbranche werden. Sie reicht vom Süden der Provinz BARCELONA bis zur Mündung des EBRO. Die Landschaft um die reiche und vornehme Stadt TARRAGONA, die von den *Römern* gegründet wurde, ist zunächst felsig, wird aber dann flacher und bietet den Städten und malerischen Ferienorten Platz. Im Hinterland verdienen die kleinen Städte REUS, VALLS und TORTOSA, die reich an Baudenkmälern sind, sowie MOMBLANC, eine noch heute ganz von Mauern umgebene Stadt, einen Besuch.

Die besondere Ausgewogenheit zwischen den Hinterlassenschaften der Vergangenheit und der leuchtenden Landschaft macht heute den weitaus größten Zauber der COSTA DORADA aus. Die weißen Sandstrände und kleinen Buchten werden nur durch die spröden Abhänge des GARRAF unterbrochen. Die COSTA BRAVA, etwas weiter nördlich, verdankt den Namen ihrer Wildheit: dem unregelmäßigen zerklüfteten Küstenverlauf und dem üppigen Hinterland mit seiner wirklich abwechslungsreichen Landschaft. Bis in die fünfziger Jahre war diese wunderschöne Felsküste von PORTBOU in FRANKREICH bis zum Dorf BLANES dem internationalen Tourismus weitgehend unbekannt, wurde dann aber entdeckt und nach und nach so stark ausgebaut, daß sie heute eine der bekanntesten und am stärksten frequentierten Urlaubszentren der Welt ist. Trotzdem hat die COSTA BRAVA ihre Naturschönheiten bewahren können: klares Wasser, Pinienwäldchen und daneben moderne Siedlungen, die recht gut mit den traditionellen weißen Fischerdörfern harmonieren. Genannt seien hier nur BAGUR, LA ESCALA, das in der ganzen Welt wegen seiner Salzfische bekannt ist, CALELLA und CADAQUÈS – mit der surrealistischen Villa *Salvador Dalis*, der hier die Inspiration für viele seiner Hauptwerke fand. Ähnliches gilt für die BALEAREN, die viele Jahre lang der Lieblingssommersitz des internationalen Jet-Set waren und inzwischen von einer ständig wachsenden Zahl von Touristen auf der Suche nach immer strahlender Sonne und einem kristallklaren Meer aufgesucht werden.

SCHÖN, FUNKTIONELL UND GUT – MITBRINGSEL AUS SPANIEN

MALLORCA, MENORCA, FORMENTERA und selbst IBIZA, das früher ein Zufluchtsort von Künstlern und Hippies war, präsentieren nicht nur herrliche Strände, ein sauberes Meer und ganzjährig mildes Klima, sondern auch außergewöhnliche Liköre, die hier nach alten Rezepten und praktisch unveränderten Verfahren hergestellt werden. In den malerischen Läden von PALMA findet man die berühmten *künstlichen Perlen von Manacor*, die für Schmuck der verschiedensten Art verwendet werden sowie Gegenstände aus buntem Glas. In MALLORCA gibt es blau und rot bemalte *Majolica*. Der Wahrheit zu Ehren muß gesagt werden, daß dies nicht eine Spezialität der BALEAREN ist, denn das *spanische Kunsthand-*

werk hat eine lange Tradition, wenn auch heute neben den alten Modellen modernes Design zu finden ist. Schöne *Ledersachen* findet man in KATALONIEN und in CÓRDOBA, das mit Recht wegen seiner *Lederverarbeitung* berühmt ist, während *Schmiedeeisen* in SEVILLA und TOLEDO gearbeitet wird. TOLEDO ist aber vor allem als legendäre *Klingenschmiede* bekanntgeworden. ALBACETE gilt als blühendes *Zentrum der Kleineisenindustrie,* GUADALUPE und GRANADA liefern *Krüge* und *Kupfergerät.* Aus der Gegend von MURCIA kommen *geflochtene Gegenstände aus Espartogras. Keramik* findet man im ganzen Land, besonders aber in KATALONIEN – in ESTREMADURA und in TALAVERA DE LA REINA, einer auf die *Herstellung von Kacheln* spezialisierten kleinen Stadt.

Textilien werden vor allem in SEVILLA hergestellt, das wegen der *Mantillas* berühmt ist, aber auch in GRANADA, ALMAGRO und auf den KANARISCHEN INSELN, wo besonders *originelle Stickereien* hergestellt werden. Auch die Originalität und die feine Qualität der *Goldschmiedearbeiten* haben sich bis auf den heutigen Tag erhalten.

BARCELONA UND MADRID – DIE METROPOLEN

Über all dem darf man nicht vergessen, daß SPANIEN in den letzten Jahrzehnten eine sich schnell entwickelnde Industrialisierung erlebt hat, so daß man in den siebziger Jahren auch vom *Spanischen Wunder* gesprochen hat. Dieser plötzliche Erfolg wurde von der Regierung mit einer Politik der Expansion und der Vollbeschäftigung unterstützt. BARCELONA ist Gegenstück zur Hauptstadt und offenbares Symbol der spanischen Wiedergeburt: Die größte Industriestadt des Landes ist frei von Bürokratie und besitzt abwechslungsreiche Viertel. Hinzu kommt die eifersüchtig verteidigte Tradition einer reicheren, offenen, mit dem Rest EUROPAS verbundenen kulturellen Atmosphäre. BARCELONA ist eine unglaublich abwechslungsreiche und reiche Stadt, die gleichzeitig fleißig, bürgerlich, modern und trotzdem mediterran und populär ist – mit einem sanften und sinnlichen Klima.

Die in die Zukunft weisende Kühnheit der neuen Bauten bildet eine natürliche, angenehme Ergänzung zu der mittelalterlichen Architektur. Das Auge wird nicht beleidigt, sondern erfreut. Als Kennzeichen der Stadt kann der ungewöhnliche Stil *Gaudis* gelten, der den üppig geschmückten Häuserfassaden an den *ramblas* seinen ganz persönlichen Stempel aufgedrückt hat. BARCELONA hat mit seiner Vitalität die Patina des Francoregimes, das es zu ersticken drohte, abgewischt; mit der gelungenen Ausrichtung der Olympischen Spiele 1992 hat die Stadt bewiesen, daß sie zu Recht für ihre Unermüdlichkeit und ihr fröhliches Nachtleben berühmt ist.

Trotz eines gewissen, über die Jahre hin sich vergrößernden Rückstandes hat MADRID nicht viel weniger zu bieten: Es ist eine moderne, sehr lebhafte Stadt mit breiten Alleen und ähnelt einer alten Dame, die nach dem langen Schlaf der Diktatur jünger und schöner erwacht ist, als man

annehmen konnte – voller unerwarteter Vitalität. MADRID ist das Herz des kulturellen Lebens und besitzt viele großartige Kunstsammlungen, unter denen das NATIONALMUSEUM DES PRADO herausragt. Die alten Stadtviertel sind natürlich die belebtesten. Dort konzentrieren sich die Ämter, die Hotels, die elegantesten und teuersten Geschäfte. Die GRAN VIA, die PUERTA DEL SOL, die PLAZA DE CIBELES, die CALLE DE ALCALÁ sind in der Nacht hell vom Neonlicht. Das MADRID der neuen Ära ist optimistisch und kommunikativ, unterhaltsam und leichtlebig – mit einem Wort: eine der anziehendsten europäischen Hauptstädte. Dauernd entstehen neue Treffpunkte und Diskotheken, der herrliche PARCO DEL RETIRO ist zur bunten Bühne für Rockgruppen geworden, während die Jugend auch die quadratische PLAZA MAYOR frequentiert, die früher streng und monoton war. Jeden Abend nach dem *paseo*, dem Spaziergang, sehen die Bars bis in die späte Nacht hinein eine ausdauernde und heterogene Kundschaft. Das ist viel mehr als einfache Unterhaltung, es ist eine Lebensweise: die historischen Cafés und die Flamenco-Lokale sind die Wallfahrtsorte der *movida* geworden, der neuen Lust auf Fröhlichkeit. Zu ihr gehören Kritik und freies Benehmen, das die früher schläfrige und provinzielle Metropole in eine dynamische und attraktive Stadt verwandelt hat, die die besten Eigenschaften des modernen Spanien in sich vereint.

In der Umgebung von Tarragona liegt das herrliche Kloster Santes Creus, eines der berühmtesten religiösen Gebäudekomplexe von Katalonien. 1158 von Zisterziensermönchen gegründet und später erweitert und verändert, verkörpert es den Übergang der Romanik zur Gotik – wie im kleinen Hof der Abtei deutlich zu sehen ist.

ERBE DER GESCHICHTE

Dein Dorf gleicht meinem.
Eine Kirche, drei Wirtshäuser,
eine Burg und der Fluß.
José Tejada

Spanien hat eine weit zurückreichende Geschichte mit Ereignissen, die den Charakter der Bevölkerung geprägt haben. In ruhmreichen Zeiten war es eines der mächtigsten Länder, eroberte neue Welten und legendäre Reichtümer. Dunkle Jahre erlebte es unter der Herrschaft von Fremden, die vergeblich versuchten, den Unabhängigkeitssinn und die Würde der Menschen zu beugen. Der Stolz und der Schmerz der vergangenen Geschichte sind in Denkmälern, Kunstwerken, in der Architektur der Städte und Paläste lebendig geblieben – beredte Zeugen des jahrhundertealten Reichtums, der die ganze Nation auszeichnet. Zu den Werken der Vergangenheit gesellen sich heute die Schöpfungen einiger der kühnsten Geister unserer Zeit und tragen dazu bei, Spaniens Faszination noch zu vergrößern.

<u>Oben</u> *Von Puerta del Sol, dem alten Zentrum der Hauptstadt, gehen zehn große Straßen aus, von denen sechs wichtige Verbindungswege zu den Landesgrenzen sind.*
<u>Unten</u> *An der Ecke der Calle del Alcalà und der Gran Via erhebt sich ein majestätischer Palast mit dem Namen »El Fénix«, einer der merkwürdigsten Bauten von Madrid.*
<u>Rechts</u> *Auf dem Luftbild sind der große Brunnen am Ende der Plaza de Espana und der Anfang der Gran Via deutlich zu erkennen, die eine der Hauptarterien von Madrid ist.*

Der diskrete Charme der Hauptstadt

Die höchstgelegene Hauptstadt Europas liegt praktisch im geografischen Zentrum der iberischen Halbinsel, auf einer Hochfläche zu Füßen der Sierra de Guadarrama, oberhalb des Flusses Manzanares. Mit seinen breiten »avenidas« bietet Madrid einen prächtigen Anblick, ist eine moderne und belebte Großstadt und mit den Universitäten, den zahlreichen Bibliotheken und den großartigen Kunstsammlungen, von denen das Museum des Prado die berühmteste ist, Mittelpunkt des kulturellen Lebens. Mit ihren drei Millionen Einwohnern ist diese Stadt auch die größte des Landes, außerdem Verwaltungszentrum, Sitz des Königshauses und der Regierung und ein lebhafter Industriestandort. Mit dem wachsenden Wohlstand des Bürgertums und dem neuen, von König Juan Carlos geförderten politischen Kurs wurde Madrid das Symbol der »movida«, der Lust auf Freiheit und Vergnügen, die das heutige Spanien belebt.

Links oben *Der Prado, zwischen 1785 und 1819 erbaut, beherbergt eine der größten Kunstgalerien der Welt.*
Links unten *Der Königspalast aus dem 18. Jahrhundert ist von großen »avenidas« mit viel Verkehr umgeben und wird nur noch für die großen Zeremonien benutzt, da König Juan Carlos lieber im ruhigeren Zarzuela lebt.*
Rechts *Gegenüber der Hauptpost liegt der Baukörper der Fuente de Cibeles, der den Mythos der alten Naturgöttin darstellt.*
S. 34/35 *Das berühmte Gemälde mit dem Titel »Guernica«, das Picasso dem spanischen Volk schenkte, hängt im Museum für moderne Kunst.*

Die Puerta del Sol, die Gran Via, die Plaza de Cibeles und der Paseo del Prado sind die Bühne des lebhaften Stadtlebens, das am Abend noch intensiver wird, wenn im Zentrum von Madrid bei Lichterschein und vielfarbiger Neonbeleuchtung eine Menge Leute spazierengeht oder vor den vielen Cafés sitzt. Besonders malerisch sind die engen, dichtbevölkerten Gassen um die Plaza Mayor herum – mit ihren Bars, den Fischbratereien und den für ihre folkloristischen Veranstaltungen bekannten Lokalen.

Oben *Einige junge Mädchen unterhalten sich in einer typischen Bar an der Plaza Mayor. Die Liberalisierung der Sitten gestattet den spanischen Frauen jetzt Freiheiten, die noch vor zwanzig Jahren unvorstellbar gewesen wären.*
Unten *Sobrino de Botin gilt als das älteste Wirtshaus der Welt; es existiert seit über 270 Jahren ohne Unterbrechung.*
Rechts *Die effektvolle Plaza Mayor stammt aus dem Jahr 1619 und ist immer noch Herz der spanischen Hauptstadt und traditioneller Treffpunkt der Bürger.*

Barcelona, Stadt der Künstler

<u>Links</u> *Jeden Sonntagmorgen finden sich auf dem Platz vor der Kathedrale von Sant'Eulalia Gruppen von Menschen zusammen, um im Kreise die Sardana zu tanzen.*
<u>Oben</u> *Die Plaza Reál, früher der Hof des königlichen Palastes, ist von sehr belebten Laubengängen umgeben.*
<u>Unten</u> *An den »ramblas«, breiten Straßen, die zum Meer führen, liegen einige der charakteristischen Geschäfte der Stadt.*

Schon immer betrachtet Madrid mit einem gewissen Argwohn und Neid Unternehmungsgeist und Unabhängigkeitssinn Barcelonas – das moderne Metropole, industrielles und kulturelles Zentrum ist und es verstanden hat, eine Mitte zwischen eifersüchtig gehüteten Traditionen und modernem europäischem Geist zu finden. Barcelona, die zweitgrößte Stadt Spaniens, mit einem der wichtigsten Häfen im Mittelmeer, besitzt einen alten Kern (den Barrio Gótico) und darum herum angeordnete große neue Stadtviertel mit breiten, geraden Alleen, großen, hohen Gebäuden und Industrieanlagen. Das geschichtliche Erbe, die Denkmäler, das milde Klima und der fröhliche Charakter der Bewohner machen die katalanische Hauptstadt zu einer lebhaften, anziehenden und interessanten Realität – einem der wichtigsten Orte des ganzen Landes.

Links oben *Von der Höhe des Tibidabo, der Barcelona beherrscht, genießt man einen weiten Ausblick; außer eleganten Hotels und Restaurants findet man hier auch einen Vergnügungspark.*
Links unten *Der große Hafen der katalanischen Hauptstadt gehört zu den bedeutendsten und modernsten von ganz Spanien: die jährlich umgeschlagene Warenmenge beträgt rund 17 Millionen Tonnen.*
Rechts *In dem Paseo de Gracia findet man unter der Nummer 13 die Casa Battló – eines der berühmtesten von Gaudi ausgeführten Häuser mit vielfarbigen Mosaiken und fantastisch gewellten Dächern.*

Die unvollendete Sühnekirche der »Sagrada Familia«, eine monumentale Konstruktion im Jugendstil, wurde im Jahr 1882 begonnen und gilt als das Meisterwerk der übersprudelnden Fantasie von Antonio Gaudi. Der Hauptgedanke seiner Inspiration zielt darauf, aus der Natur entliehene Elemente zu verwenden, so daß die »Sagrada Familia« in einer Unzahl von vielfältigen Formen aus der Erde zu wachsen scheint. Nach ihrer Fertigstellung wird die Kathedrale drei riesige Fassaden haben; zwischen ihnen zwölf Türme als Symbol für die Apostel. Der Turm über der Apsis steht für die Jungfrau, vier Fialen, welche eine Art Ehrenwache für die dem Heiland geweihte Spitze bilden, versinnbildlichen die Evangelisten. Bis jetzt sind die Krypta und die acht Türme des rechten Querschiffes fertiggestellt; der Bau geht deshalb so langsam voran, weil er vorwiegend von der Spendenfreudigkeit der Gläubigen abhängt.

Die Mezquita von Córdoba, ein maurisches Meisterwerk

Das weitaus bedeutendste Bauwerk von Córdoba ist die sogenannte Mezquita, die alte, in eine Kathedrale umgebaute Moschee, in der sich die ganze Originalität des Kalifenstils findet. Im Halbdunkel des Innenraumes steht ein Wald von Marmor- und Granitsäulen, der unendlich zu sein scheint und dessen Perspektive bei jedem Schritt wechselt. Oberhalb der Säulen erheben sich doppelte Bogenreihen, ein damals revolutionärer Kunstgriff der Baumeister, um die Konstruktion zu erhöhen. Die zentrale achteckige Kuppel besitzt acht gekreuzte Bogen auf doppelten Säulen mit eingefügten Flächen, die die Leerstellen überdecken, sowie eine elegante Dekoration mit Arabesken und kostbarem, vielfarbigem Mosaik.

S. 46/47 *Córdobas weißgekalkte niedrige Häuser vor einem drohenden Gewitterhimmel.*

Sevilla, Stadt der Kunst und Kultur

Die Hauptstadt Andalusiens erstreckt sich über eine fruchtbare Ebene am Ufer des Guadalquivir, nur 60 Kilometer vom Meer entfernt. Sevilla wird, wegen der schönen Denkmäler und der Fröhlichkeit der Traditionen und Feste, die »anmutige Stadt« genannt. Es ist die viertgrößte Kommune Spaniens, kulturelles Zentrum, Wiege großer Maler (wie Velasquez und Murillo) und berühmter Schriftsteller sowie Sitz einer gut gedeihenden Industrie und eines blühenden landwirtschaftlichen Marktes.

<u>Links</u> *Der Turm der Giralda, ein Kennzeichen von Sevilla, wurde 1184 als Minarett begonnen und später zum Glockenturm der Kathedrale umgestaltet. Auf der Spitze trägt er eine drehbare Statue, eine Allegorie des Glaubens, von der er seinen Namen hat (girare = drehen).*
<u>Rechts</u> *Mitten im brunnen- und statuengeschmückten Parco di Maria Luisa öffnet sich der halbkreisförmige Spanische Platz, der von den schönen Pavillons der Ibero-Amerikanischen Ausstellung des Jahres 1929 eingerahmt ist. Hier kann man Keramikbilder mit Allegorien der 58 spanischen Provinzen bewundern.*

S. 49 Der Alcazar in Sevilla war ursprünglich die Burg der arabischen und später Schloß der christlichen Könige; es ist ein Gebäude mit mittelalterlichem Charakter und wurde in der zweiten Hälfte des 14. Jahrhunderts erbaut.

Auf engen Straßen, in die das Sonnenlicht nur mit Mühe eindringen kann, kommt man in den innersten Teil Sevillas, das im typischen Stil seiner Häuser das stolze Erbe der Vergangenheit am deutlichsten bewahrt. Weit entfernt von den Touristenzielen zeigt sich dem respektvollen und diskreten Besucher eine stille und sonnige Stadt. Von hohen Mauern geschützt, öffnen sich schattige Gärten vor Bogengängen, die an die Herrschaft der Mauren erinnern. Auch die herrlichen Kachelflächen, welche einige der ältesten Höfe schmücken, sind arabischer Herkunft. Noch heute stellen einige Fabriken in Sevilla diese Fliesen nach den Methoden jener arabischen Renaissance-Handwerker her, die von den Kalifen zur Ausschmückung ihrer Paläste nach Spanien geholt worden waren.

Granada, Juwel aus Stein

Die berühmte alte maurische Stadt Granada liegt zu Füßen der Sierra Nevada in der Umfassung jenes Hügels, auf welchem die Alhambra thront. Die prächtige Stadt gilt als die Essenz der Poesie Andalusiens, als ein Meisterwerk von Kunst und Farben. Ein arabischer Dichter, Ibn Zamrak, verglich sie mit einer Frau in der Umarmung des Flusses Genil. Federico García Lorca, ihr berühmtester Sohn, machte sie mit folgenden Worten unsterblich: »Die Farben sind Silber und Dunkelgrün, die Berge, vom Mond geküßt, von einem unendlichen Türkis. Die Zypressen sind lebendig, und in sehnsüchtigen Bewegungen erfüllen sie mit ihrem Duft die Atmosphäre – der Wind macht Granada zur Orgel, deren Pfeifen die Straßen sind. Granada ist ein Traum von Klängen und Farben.«

Oben Der Löwenhof im Inneren der Alhambra ist der reinste Ausdruck maurischer Kunst; er befindet sich im königlichen Winterpalast und ist von 124 Säulen umgeben. In seiner Mitte erhebt sich der Brunnen mit zwölf steinernen Löwen.
Unten Östlich der Alhambra liegt die Torre de las Damas, eine befestigte Anlage mit einem anschließenden Gewölbesaal und einer kleinen Moschee mit Ausblick auf ein großes Wasserbecken; das Ganze ist von einem üppigen Garten umgeben.
Rechts Im südlichen Teil des Löwenhofes befindet sich der herrliche Saal der Abenceragi, dessen Name von einer adligen Familie stammt; sehr eigenartig ist das Gewölbe mit Stalaktiten über einem zwölfeckigen Brunnen in der Saalmitte.

Der Reichtum der Jahrhunderte

Links *Avila, eine alte Stadt Kastiliens, liegt auf dem Kamm eines steilen Berges mitten in der kahlen Ebene des Rio Adaja. Romanische Mauern umgeben den alten Stadtkern, sie sind mit zahlreichen, unversehrt gebliebenen Türmen verstärkt und machen Avila zu einer der interessantesten Städte Spaniens.*

Rechts *Nuestra Senora del Pilar ist die zweite Kathedrale von Saragossa: Sie liegt am Ufer des Ebro, wurde 1681 begonnen und nie vollendet. Der große rechteckige Bau schmückt*

sich mit einer großen Zentralkuppel und weiteren zehn kleineren; an den Ecken erheben sich vier hohe Glockentürme.

S. 56/57 *Der Alcazar von Segovia wurde auf einem felsigen Vorgebirge zwischen zwei Tälern im 12. Jahrhundert erbaut und später erweitert: Er ist das schönste und besterhaltene Beispiel einer Felsenburg in Alt-Kastilien.*

S. 58/59 *Der Alcazar liegt auf dem höchsten Punkt der Stadt (wo früher eine römische Befestigung war) und beherrscht das Panorama von Toledo. Die Hauptstadt von Neu-Kastilien ist noch von gotisch-maurischen Befestigungen umgeben und wurde auf einem Granithügel erbaut, der auf drei Seiten in einer tiefen Schlucht vom Rio Tago umflossen wird.*

LEUTE VON HEISSEM TEMPERAMENT

In unserem eigenen Blut liegt die Quelle, die in dir Verstand und Träume hat wachsen lassen.

García Lorca

In der volkstümlichen Kultur des Landes spielen die Feste eine wichtige Rolle; Folklore und Traditionen werden so am Leben erhalten. Neben den traditionellen religiösen haben praktisch jede Stadt und jedes Dorf ihre eigenen speziellen Feierlichkeiten mit Stierkämpfen, Umzügen, musikalischen Veranstaltungen und Spielen auf den öffentlichen Plätzen. Bei einer Spanienreise trifft man fast an jedem Tag an einem anderen Ort auf eine lokale Veranstaltung – und auf geschlossene Läden und Ämter. Die Touristenorganisationen drucken deshalb jedes Jahr einen speziellen Kalender mit den im ganzen Land gefeierten Festen. Sowohl bei den religiösen wie bei den profanen fällt die Begeisterung der Menschen auf.

Das Blut und die Arena

Stierkämpfe gelten immer noch als *das* eigentliche spanische Schauspiel und ziehen große Menschenmengen an. Trotz des immer stärker werdenden Protests gibt es noch mehr als 300 Arenen. Die Ursprünge dieser Kämpfe reichen in eine weit zurückliegende Vergangenheit: Die »Corrida« in ihrer heutigen Inszenierung ist im 14. Jahrhundert entstanden. Wenn auch die faszinierendste Gestalt der »matador« ist (der – je nach der gezeigten Kühnheit – verherrlicht oder ausgepfiffen wird), gibt es einige andere unerschrockene Männer, die »banderilleros« und »picadores«, die nach einem bestimmten Ritual auf den Stier losgehen, ihn reizen und seine Kräfte erschöpfen, bevor es zur Schlußszene kommt. Wenn sich das Tier während des Kampfes mutig gezeigt hat, wird es, zu Tode getroffen, von Maultieren in einer Ehrenrunde um die Arena geschleift.

Heilige und profane Feste

In Pamplona finden bei den Festen zu Ehren des heiligen Firmin die Encierros statt, Wettrennen, bei denen Jugendliche von Kampfstieren verfolgt durch die Straßen laufen.
S. 66/67 *Die Teilnehmer an diesen Stierrennen tragen aus Tradition rote Mützen und Tücher.*
S. 68/69 *In Büßerkleidung gehen die Mitglieder der religiösen Bruderschaften von Cartagena in der Karwoche zu den kirchlichen Feiern.*

Die Wallfahrt nach El Rocio

Zu den typischen Veranstaltungen, in denen sich der religiöse Sinn der Spanier manifestiert, gehören die »romerias«, lange Wallfahrten zu mehreren Orten, bei denen der Glaube den Vorwand dazu liefert, einige fröhliche Tage zu verbringen. Die berühmteste romería des Landes findet in der Woche vor Pfing-

sten in dem winzigen Dorf El Rocio in der Provinz Huelva statt. Der Ort ist das ganze Jahr hindurch praktisch verlassen und belebt sich nur in dieser Zeit mit einer Menge Wallfahrer (manchmal bis zu hunderttausend – unter ihnen viele Zigeuner), die in einer Kirche eine Statue der Jungfrau Maria verehren, welche als »Unsere liebe Frau vom Tau« bekannt ist. Höhepunkt der Wallfahrt ist eine Messe unter freiem Himmel, an die sich der Segen der Jungfrau und Feiern mit Tänzen und Banketten anschließen.

Die Farben der »Feria«

Jedes Jahr, meistens zwischen dem 18. und 23. April, findet die berühmte »Feria« von Sevilla statt, eines der beeindruckendsten Feste Spaniens. Dabei mischen sich alle Komponenten der lebhaften andalusischen Folklore: Stierkämpfe, Flamenco, »sevillanas«, Umzüge in Kostümen. Der Ursprung dieser Veranstaltung geht auf das Jahr 1846 zurück, als durch Königin Isabella der Stadt das Recht verliehen wurde, eine Viehzüchtermesse abzuhalten.

Im Stadtviertel mit dem Namen Real della Feria werden die »casetas« aufgebaut, wo man unter Tausenden von farbigen Lämpchen und Laternen Flamenco tanzt und nach dem morgendlichen Umzug zusammensitzt, bei dem die Reiter in ihren festlichen Kostümen ihre Geschicklichkeit zeigen oder festlich gekleidete Damen mit der typischen Blume im Haar mitführen.

S. 74/75 *Die andalusischen Adligen pflegen noch heute die »Hohe Schule« des Reitens und geben jede Woche vielbesuchte Vorstellungen in der Öffentlichkeit.*

Das Meer, ewiger Lebensquell

Ein guter Teil des spanischen Reichtums geht schon seit alten Zeiten auf die Ausbeutung der Meere zurück. Noch heute beschäftigt der Fischfang einen großen Teil der Arbeiterschaft der Küstenregionen, während die Häfen von Barcelona, Bilbao, Valencia und Cadiz einen stetigen Zuwachs des Handelsvolumens aufweisen. Zu den Faktoren, die zum Wirtschaftswachstum des Landes besonders stark beigetragen haben, zählt in den letzten Jahren der Tourismus, der besonders von der Schönheit der Küsten und einem immer blauen Meer profitiert. Die Mittelmeerregion, die Balearen und die Kanarischen Inseln werden von den Touristen bevorzugt. Damit die spanischen Küsten auf internationalem Niveau weiter mithalten können, unternimmt das Land große Anstrengungen im Umweltschutz.

Noch heute spielt sich im Meer vor den Küsten von Cadiz das blutige, jahrhundertealte Ritual des Thunfischtötens ab. Mit Netzen werden die Tiere zwischen den Ruderbooten eingeschlossen, von den andalusischen Fischern erschlagen und mit langen Haken an Bord gezogen, während sich das Meer ringsumher rot färbt.
<u>Oben</u> *Tossa del Mar, ein kleines Dorf in einer zauberhaften Bucht der Costa Brava, ist heute einer der beliebtesten Badeorte mit römischen Ruinen und mittelalterlichen Mauern.*
<u>Unten</u> *Cala D'Hort ist einer der schönsten Winkel auf Ibiza. Die Insel hat ein wundervolles Klima, klares, durchsichtiges Wasser und einen tiefblauen Himmel.*
<u>S. 78/79</u> *Eine Gruppe Frauen aus Orio, einem Fischer- und Schifferdorf der baskischen Provinz, beim Reparieren der Netze.*

77

Ein karges Land

In der Nähe von Valdelavia, einem Dorf in Kastilien-Leon, pflügt ein altes bäuerliches Paar einen grasbewachsenen Abhang. In den letzten Jahren sind viele Einwohner dieser Region zu einem großen Teil nach Madrid abgewandert.

Oben Besonders im Landesinnern, wo immer noch Großgrundbesitz existiert, leben Hirten und Taglöhner in großer Armut.
Unten Diese jungen Bauern tragen noch die typische dunkle Kleidung der Landleute in Neu-Kastilien.
S. 82/83 Die bestentwickelten Bereiche der spanischen Landwirtschaft sind der Gemüse- und Obstanbau.

Erntezeit

Das fruchtbare Ebrotal durchquert Nordspanien. In seinem westlichen Teil liegen die Weinberge von La Rioja. Dieses Winzergebiet grenzt an die baskischen Provinzen und reicht – zwischen Pyrenäen und Kantabrischem Gebirge – bis an den Atlantik. Hier, wie im benachbarten Galizien, sind die Felder dank eines milden Klimas immer grün und üppig. Die Ernten sind reichlich und liefern einen sehr guten Rotwein, der in Eichenfässern gelagert wird. Die frisch gelesenen Trauben werden auf dem Rücken eines Maultiers oder auch eines Menschen in die alten Kellereien gebracht, wo sie noch mit alten handbetriebenen Pressen gekeltert werden. Der so gewonnene Most wird dann in Becken zur natürlichen Gärung aufgefangen. Auch in der Mancha, einer Zone mit intensiv betriebenem Weinbau, ist die Lese ein wichtiger Moment innerhalb der alten, eingewurzelten Weinbauerntraditionen.

S. 86/87 *Eine Reihe von Windmühlen wacht über dieses kleine Dorf der Mancha und über die strengen Rebenreihen. Aus Holland im 16. Jahrhundert eingeführt, dienten die Mühlen zum Mahlen des Korns. Nachdem sie nicht mehr gebraucht wurden, sind leider viele von ihnen zerfallen.*

Alte Reiterspiele

Alljährlich findet am 23. und 24. Juni bei Ciudadela, dem alten Ort an der Westküste der Insel Menorca, das jahrhundertealte San-Juan-Fest statt. Mehrere Tage lang messen sich die Männer der Insel in Reiterspielen und Turnieren. Sie tragen die historischen Kostüme, welche die verschiedenen sozialen Klassen charakterisieren, und lassen so jedes Jahr eine Tradition aufleben, die am Ende des Mittelalters entstand. Das reiche und vielfältig folkloristische Erbe Spaniens ist an die geschichtlichen Ereignisse der einzelnen Regionen gebunden. Es hat sich zwar im Laufe der Jahrhunderte verändert, wird aber mit unveränderter Begeisterung und wirklicher Anteilnahme lebendig erhalten.

S. 90/91 *Das milde, feuchte Klima Galiziens begünstigt die Viehzucht. Die Schönheit der edlen Pferde von Pontevedra ist in der ganzen Welt bekannt.*

Melodramatischer Zauber

Die alten Stadtviertel Sevillas schließen den ganzen Zauber der echten andalusischen Lebensfreude in sich ein. In Santa Cruz öffnen die weißen Häuser ihre Fenster auf den Fluß, die »calles« von San Bernardo erinnern an die Stierkämpfe, während die Herrenhäuser in San Lorenzo und San Vincente eindrucksvolle Höfe aus dem 19. Jahrhundert besitzen. Die Schönheit dieses Anblicks hat die Fantasie vieler Musiker angeregt, die Sevilla zum Ort ihrer Opern gemacht haben: Mozart hat seinen »Don Giovanni« und »Figaros Hochzeit«, Bizet seine »Carmen« hier angesiedelt, während sich gleich mehrere Straßen um den Barbierladen von Rossinis »Figaro« streiten.

<u>Links oben</u> *Die Plaza del Salvador ist einer der beliebtesten Treffpunkte der Stadt, immer belebt von einer zahlreichen Menschenmenge, die mit Vergnügen die Cafés, die Bars und die Klubs dieser Fußgängerzone besuchen.*

<u>Links unten</u> *Am Ufer des Guadalquivir ragt die Torre de Oro, der Goldturm auf, der – ursprünglich eine maurische Anlage – heute Sitz des Marine-Museums ist. Von hier brach Magellan 1519 zur ersten Weltumseglung auf.*

<u>Rechts</u> *Die »Confiteria La Campana« ist eines der ältesten und bekanntesten Geschäfte im Zentrum von Sevilla.*

<u>S. 93</u> *Im Stadtviertel »Macarena«, mit seinen weißen alten Häusern eines der volkstümlichsten der andalusischen Hauptstadt, findet jeden Donnerstag ein Flohmarkt statt, der viele Neugierige und eine große Zahl von Originalen zusammenströmen läßt.*

San Sebastian, ein Halbmond aus Sand

San Sebastian, eine aristokratische Stadt an der baskischen Küste, besteht aus einem dichtgefügten alten Stadtkern, der von Befestigungsanlagen umgeben ist, die Vespasiano Gonzaga im 16. Jahrhundert errichten ließ. Außerhalb dieser Altstadt befinden sich weitläufige moderne Viertel mit langen, regelmäßigen »avenidas« und Häusern im französischen Stil. Im Dialekt der Gegend heißt die Hauptstadt der Provinz Guipuzcoa »Donostia«. Sie erstreckt sich längs einer Straße an einer lichten Bucht des Golfs von Biscaya. In der zweiten Septemberhälfte veranstaltet San Sebastian das berühmte internationale Filmfestival.

Der Hauptstrand von San Sebastian, eines eleganten und von internationalem Publikum frequentierten Badeortes, heißt »La concha«, hat feinen goldfarbigen Sand und ist einer der berühmtesten Strände Spaniens. Der kleine Felsvorsprung Pico del Loro trennt ihn vom benachbarten Strand von Ondarreta, der sehr gut ausgestattet und immer sehr belebt ist.

Zauberinsel Ibiza

Ibiza, die lebhafte, übersprudelnde Hauptstadt der gleichnamigen Insel, heißt allgemein »La Ciudad«, die Stadt. Sie liegt an der Flanke eines felsigen Hügels, der steil aus den Wassern des Mittelmeers aufsteigt. Ibiza ist, dank seiner günstigen geografischen Lage und des strahlenden Weiß' seiner gekalkten Häuser, die ihm einen leichten orientalischen Charakter verleihen, eines der beliebtesten Ferienziele der Welt.

LAND DER GEGENSÄTZE

Ewiger Winkel
Land und Himmel
(mit der Winkelhalbierung
des Windes)
unermeßlicher Winkel
der Weg geradeaus.
Garcia Lorca

Das unwegsame Gelände des größten Teils der iberischen Halbinsel hat schon immer Kommunikation und Kontakte ziemlich schwierig gemacht, so daß das Land jahrhundertelang in isolierte, einzelne Regionen unterteilt blieb und der Herrscher noch vor nicht allzulanger Zeit »König der spanischen Länder« genannt wurde. Von den felsigen, steilen Küsten der Kanarischen Inseln zum hügeligen Land Andalusiens, von den senkrecht abfallenden Wänden der Pyrenäen zur herben, trostlosen Landschaft der Meseta in der Landesmitte – Spanien erscheint stets als Land einzigartiger Schönheit und starker Kontraste, wobei jede der fünfzig Provinzen eine ausgesprochene Individualität herauskehrt.

Oben *Die Wellen des Atlantiks haben die vulkanischen Küsten der Insel Lanzarote (Kanaren) in bizarre, spröde Formen gezwungen.*
Unten *Ein Dorf im Hinterland von Granada, das sich mit seinen Terrassen an die äußersten Ausläufer der Sierra Nevada klammert.*
Rechts *Die eindrucksvolle Silhouette des Monte Perdido erhebt sich drohend über dem Rio Araza im Nationalpark Valle de Ordesa, der im Jahr 1918 eingerichtet wurde und außer Steinböcken und Gemsen eine Anzahl von Königsadlern beherbergt.*

Die wilden Berge Spaniens

Der Nationalpark Aigues Tortes in der katalanischen Sierra de los Encantos zeigt die typischen Merkmale einer Gletschergegend. Die Bergketten und die sich zur Ebene herabziehenden Moränen bilden tiefe, von Wildschweinen, Hermelinen und Gemsen bevölkerte Täler.
S. 101 Der Pico del Castillo und die merkwürdigen, Las Retuertas genannten Felstürme bilden die markantesten Formationen der Cordillera Cantabrica, die über 500 Kilometer parallel zur Atlantikküste verläuft.
S. 102/103 Einer der letzten Schneefälle des Winters hat den massiven Block des Monte Perdido und das darunter liegende Valle de Pineta ganz weiß gemacht. Die Pyrenäen, die Spanien von Frankreich trennen, trugen viel zur Isolierung der spanischen Halbinsel vom Rest Europas bei.
S. 104/105 Unter dunklem Gewitterhimmel stehen Tausende von Ölbäumen in welliger Landschaft (Provinz Juan, Andalusien).

Erinnerungen an eine antike Welt

Andalusien mit seinen sonnendurchglühten, geheimnisumwitterten Städten, engen, stillen Gassen, weißgetünchten, blendenden Mauern, dunklen, magnolienduftenden Durchgängen ist für viele Besucher das eigentliche Spanien. Das mag ein

einschränkendes, aber wohl nicht unbesonnenes Urteil sein, denn Andalusien – das sind die Alhambra von Granada und der Alcazar von Sevilla, die Moscheen und die maurischen Festungen, »Carmen« und die schwarzäugigen Zigeunerinnen, die in der Hitze glühenden Dörfer und das Zirpen der Zikaden, die »Corridas« und die großen Prozessionen, die Sangria und die Strände der Costa del Sol. Diese größte, aber am dünnsten besiedelte Region Spaniens ist eine exotische, verzauberte Welt auf halbem Weg zwischen Afrika und dem Orient.

Der Name Andalusien kommt aus dem arabischen »Al-Andalus«, das heißt »Erde des Westens«, wie es von den Mauren, die es über 800 Jahre lang beherrschten, genannt wurde. Eine unglaubliche Vielfalt und Verschiedenheit der Landschaften belebt diese Region, die jahrhundertelang das wichtigste kulturelle und wirtschaftliche Zentrum der Halbinsel war. Die Gassen, die kleinen engen Fenster, die schmiedeeisernen Gitter des arabischen Viertels von Almaylin, die sich unter dem Fels von Montefrio zusammendrängenden strahlendweißen Häuschen sind ein historisches und kulturelles Erbe, das in tausend Einzelheiten an die arabischen Vorfahren erinnert.

Nur wenige Nationen Westeuropas besitzen so leicht zu identifizierende architektonische Elemente wie Spanien: Die steilen Calles der andalusischen Dörfer, die gekalkten Häuser mit den in der Sonne trocknenden Paprikaketten, die mit Blumenvasen geschmückten Mauern der Höfe sind unverwechselbar iberisch, Symbole einer traditionsreichen geschichtlichen Kontinuität, die ihre Wurzeln in den ältesten Mittelmeerkulturen hat.
S. 110/111 Der Patio dieses Herrenhauses im Zentrum von Córdoba schmückt sich mit einer großen Zahl von Geranientöpfen.
S. 112/113 Die Landschaften Andalusiens sind sehr abwechslungsreich: Im Osten ist das Becken des Guadalquivir durch welliges Hügelland gekennzeichnet, aus dem die Häuser weiß hervorleuchten.

Doñana, Wunder der Natur

In der Provinz Huelva, am sumpfigen Flußdelta des Guadalquivir, liegt der Nationalpark Doñana, der größte und interessanteste des Landes. Er ist 76 000 Hektar groß und das wichtigste Schutzgebiet für die Fauna. Der märchenhafte Tierreichtum resultiert aus den günstigen klimatischen Bedingungen, der geographischen Lage und drei verschiedenen Umweltbereichen: Wanderdünen, Schonungen und flaches Feuchtgebiet an der Küste. Doñana beherbergt unzählige Arten von Fischen, Reptilien, Amphibien, Vögeln und Säugetieren und bietet außerdem etwa einer Million Zugvögel Zwischenaufenthalt.

S. 116/117 Ein ungeheurer Schwarm von Flamingos überfliegt die Wasserflächen des Naturparks Doñana. Im Reservat gibt es große Vogelkolonien: Säbelschnäbler, Elstern und Reiher, die sich in den Korkeichenwäldern am Rand der Maremma paaren und ihre Jungen in einer für Europa einzigartigen Umwelt aufziehen.

Unendlicher Reichtum des Meeres

Die weißgekalkten Häuser sind typisch für die Balearen; das Weiß reflektiert die Sonnenhitze und trägt maßgeblich dazu bei, die Kälte im Hausinnern zu erhalten.

Die Küsten der Balearen sind ziemlich abwechslungsreich; mit hübschen Buchten und natürliche Häfen.
S. 120/121 *Die Insel Cabrera liegt der Südküste von Mallorca gegenüber und bietet den Besuchern Buchten mit glasklarem Wasser und einen durchgehenden Sandstrand auf der Ostseite. Im Westen befinden sich die Reste einer Burg aus dem 14. Jahrhundert, die den Piraten bei ihren Überfällen auf Mallorca als Schlupfwinkel gedient hat.*

Die Küste von Galizien ist nördlich von La Coruña reich an Halbinseln und Einbuchtungen; besonders schön ist die Punta Frouxeira bei Valdovino.

Weite Strecken der kantabrischen Küste sind wild und felsig – mit steilen Vorgebirgen und langen, von den Wellen des Atlantiks bespülten Stränden.

Die kanarischen Inseln, Bruchstücke Afrikas

Die Inselgruppe der Kanaren besteht aus sieben Haupt- und zahlreichen kleineren Inseln und liegt vor der Westküste Afrikas. Dieser Lage verdankt sie ein angenehmes subtropisches Klima. Obwohl sie von Menschen europäischer Abstammung bewohnt wird, ist die Landschaft typisch afrikanisch: mit Wüsten und Kakteen im Süden und fruchtbaren Vulkanböden in den nördlichen Zonen, die von Palmen und Wäldern bestanden sind. In der ganzen Welt sind diese Inseln berühmt für ihre tropischen Früchte und als Paradies des europäischen Tourismus, der auch die Haupteinnahmequelle ist.

<u>Oben</u> *In der geheimnisvollen Mondlandschaft von Lanzarote ragt der Tonkegel des Roten Berges auf, der auch La Geria heißt.*
<u>Unten</u> *Der erloschene Vulkan Pico de Teide beherrscht mit seinen 3178 Metern Höhe die Insel Teneriffa und ist der höchste Berg Spaniens.*
<u>Rechts</u> *Auf dem ungewöhnlich dunklen, fruchtbaren Lavaboden produziert Lanzarote große Mengen von Gemüse und tropischen Früchten für den Export.*
<u>S. 126/127</u> *In der Nähe von Maspalomas auf Gran Canaria reichen surrealistisch anmutende kontrastreiche Sanddünen bis ans Meer.*

BILDNACHWEIS

Giulio Veggi/Archiv White Star: S. 8–9; 38–43; 128?
Foto Umschlag Rückseite: S. 20; 44–45; 54; 58–59; 73.
J. J. Blassi/Incafo: S. 76; 89; 114 oben; 115; 116–117.
Massimo Borchi/SIE: S. 98 oben; 124 oben.
Dallas & John Eaton/Apa Photo Agency: S. 30 unten; 48 rechts; 49; 52 unten; 107.
A. Camoyán/Incafo: S. 12–13; 84 unten; 114 unten.
Damm/Zefa: S. 2–3; 10–11.
Brigitte und Jose Dupont/Overseas: S. 68–69.
Tor Eigeland/Incafo: S. 61.
Juan A. Fernández/Incafo: S. 1; 7; 16; 17 oben; 18–19; 21; 22–23; 26; 28–29; 32 oben; 37; 48 links; 50–51; 60; 62 unten; 63; 65; 66–67; 70–71; 72; 74–75; 77 unten; 78–81; 84 oben; 85; 88; 90–91; 92 links oben; 92 rechts; 94–97; 98 unten; 100–101; 106 links; 108–109; 118–122; 124 unten; 125.
Cesare Gerolimetto: S. 6; 14–15; 27–31; 46–47; 82–83; 86–87; 92 links unten; 104–105; 106 rechts; 110–113.
Cesare Gerolimetto/SIE: S. 56–57.
Juan Hialgo-Candy Lopesino/Incafo: S. 30 oben; 99; 102–103.
Michael Hilgert/Apa Photo Agency: S. 32 unten.
H. Simeone Huber/SIE: S. 33–35.
Jean Kugler/Apa Photo Agency: S. 24–25.
Vincenzo Martegani/Laura Ronchi: S. 123.
Messerscmi/Zefa: S. 52 oben.
Tom Nebbia/Incafo: S. 64.
J. P. Nacivet/Overseas: S. 53; 55.
Sferlazzo/Overseas: S. 36 oben.
SIE 36 unten
Rick Strange/Apa Photo Agency: S. 126–127.
Angelo Tondini/Focus Team: S. 62 oben.
Adina Tony/Apa Photo Agency: Titelbild; S. 4–5.
Bill Wassman/Apa Photo Agency: 17 unten; 77 oben.